Impressum
Verlag: BABADADA GmbH, Nedderfeld 112 , 22529 Hamburg
Geschäftsführer / Verlagsleitung: Harald Hof
Druck: Books on Demand GmbH, In de Tarpen 42, 22848 Norderstedt

Imprint
Publisher: BABADADA GmbH, Nedderfeld 112 , 22529 Hamburg, Germany
Managing Director / Publishing direction: Harald Hof
Print: Books on Demand GmbH, In de Tarpen 42, 22848 Norderstedt, Germany

学校

ቤት-ትምህርቲ

教室
ክፍሊ ክላስ
割り算
መቀለ
186/2
黒板
ሰሌዳ
教師
መምህር
ቀጽሪ ቤት-ትምህርቲ
紙
ወረቐት
書く
ペン
事務机
ጣውላ ምጽሓፍ
定規
መስመር
本
መጽሓፍ
生徒
ተመሃራይ

ランドセル

ሳንጣ ትምህርቲ

筆入れ

ሰፈር ብርዒ

鉛筆

ርሳስ

鉛筆削り

መብልሒ ርሳስ

消しゴム

መደምሰሲ

スケッチブック

ጥራዝ ስእሊ

2 学校 - ቤት-ትምህርቲ

スケッチ

ስእሊ

絵筆

ብርዒ ቀለም

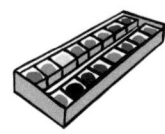

絵の具箱

ቦክስ ቀለም

はさみ

መቐስ

接着剤

መጣበቒ

練習帳

ጥራዝ መላመዲ

宿題

ዕዮ ገዛ

12

数

ቁጽሪ

2+2

足し算

ወሰኸ

引き算

ጎደለ

2×2

かけ算

ረብሐ

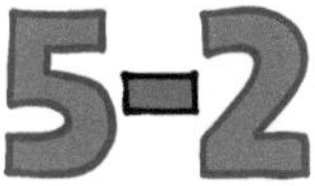

計算する

ደመረ

A

文字

ፊደል

ABCDEFG
HIJKLMN
OPQRSTU
VWXYZ

アルファベット

ስርዓት ፊደላት

hello

単語

ቃል

テキスト

ጽሑፍ

読む

ኣንበበ

チョーク

ኩርሽ

授業

ሰዓት

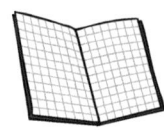

学級日誌

መዝገብ ክላስ

試験

መርመራ

通知表

ሰርቲፊከት

制服

ድቢዛ ቤትትምህርቲ

教育

ትምህርቲ

百科事典

ለክሲኮን

大学

ዩኒቨርሲቲ

顕微鏡

ሚክሮስኮፕ

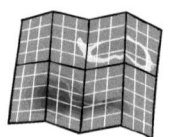

地図

ካርታ

ごみ箱

ጎሓፍ ወረቐት

ホテル
ホステル
両替所
ቦታ ቅያር ገንዘብ
スーツケース
ባሊጃ
自動車
መኪና

言語

ቋንቋ

はい / いいえ

እወ / ኖ

問題ない

ሕራይ

ハロー

ሰላም

翻訳者

ኣስተርጓሚ

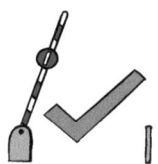

ありがとう

የቐንየለይ

...はいくらですか？

. . . ክንደይ ዋግኡ?

わかりません

ኣይተረድኣኹን

問題

ሽግር

こんばんは！

ሰላም ምሸት!

おはようございます！

ከመይ ሓዲርካ

おやすみなさい！

ሰላም ለይቲ

さようなら

ደሓን ኩን

方向

ኣንፈት

手荷物

ጕዓዝ

バッグ

ሳንጣ

リュックサック

ሳንጣ ሕቖ

お客様

ጋሻ

部屋

ክፍሊ

寝袋

ክሻ መደቀሲ

テント

ቴንዳ

旅行者情報

ሓበሬታ በጻሕቲ ሃገር

ビーチ

ገምገም ባሕሪ

クレジットカード

ክረዲት ካርድ

朝食

ቁርሲ

昼食

ምሳሕ

夕食

ድራር

チケット

ቲከት

エレベーター

ሊፍት

スタンプ

ማሕተም ደብዳበ

境界

ዶብ

税関

ድጓና

大使館

ኣምበሲ

ビザ

ቪዛ

パスポート

ፓስፖርት

輸送

መጓዓዝያ

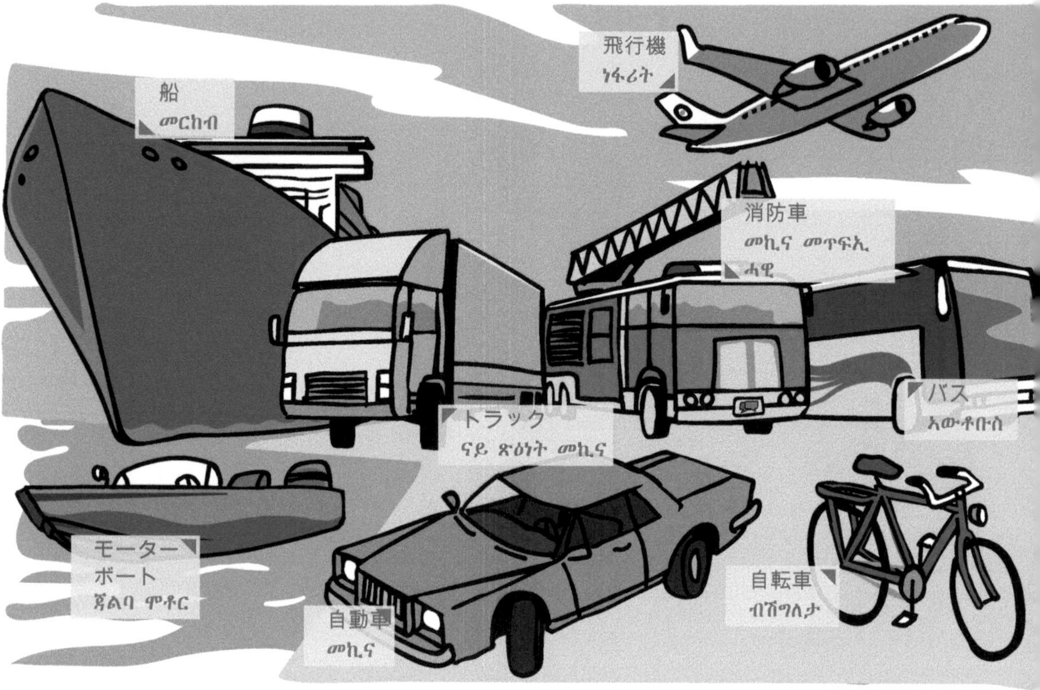

飛行機
ነፋሪት
船
መርከብ
消防車
መኪና መጥፋኢ ሓዊ
バス
ኣውቶቡስ
トラック
ናይ ጽዕነት መኪና
モーター
ボート
ጀልባ ሞቶር
自動車
መኪና
自転車
ብሽግለታ

フェリー

ፈሪ

ボート

ጀልባ

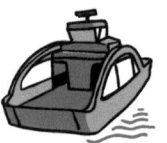

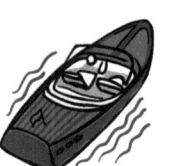

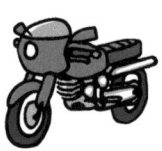

バイク

ሞቶ

パトカー

መኪና ፖሊስ

レーシングカー

መኪና ቅድድም

レンタカー

ክራይ መኪና

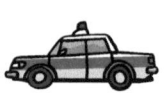

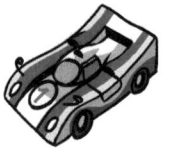

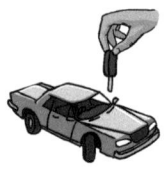

カーシェアリング

ምውፋይ መካይን

レッカー車

መወሰዲ መኪና

ごみ収集車

መኪና ጉሓፍ

モーター

ሞቶር

燃料

ነዳዲ

ガソリンスタンド

እንዳ ነዳዲ

交通標識

ምልክት ትራፊክ

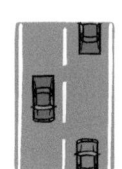

交通

ትራፊክ

渋滞

ምጭቕጫቕ ትራፊክ

駐車場

መዕሸጊ መኪና

駅

መዕረፊ ባቡር

道

ሓዲግ

列車

ባቡር

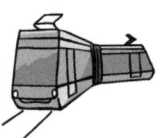

路面電車

ትረም

車両

ባጎኒ

ヘリコプター

ሄሊኮፕተር

空港

መዓረፊ ነፈርቲ

タワー

ታወር

乗客

ተጐዓዚ

コンテナ

ኮንተይነር

段ボール箱

ሳንዱቕ ካርቶን

カート

ኮርሳ ጽዕነት

カゴ

ዘንቢል

離陸 / 着陸

ተበገሰ / ዓለበ

都市

ከተማ

村

ቍሸት

都心

ማእከል ከተማ

家

ገዛ

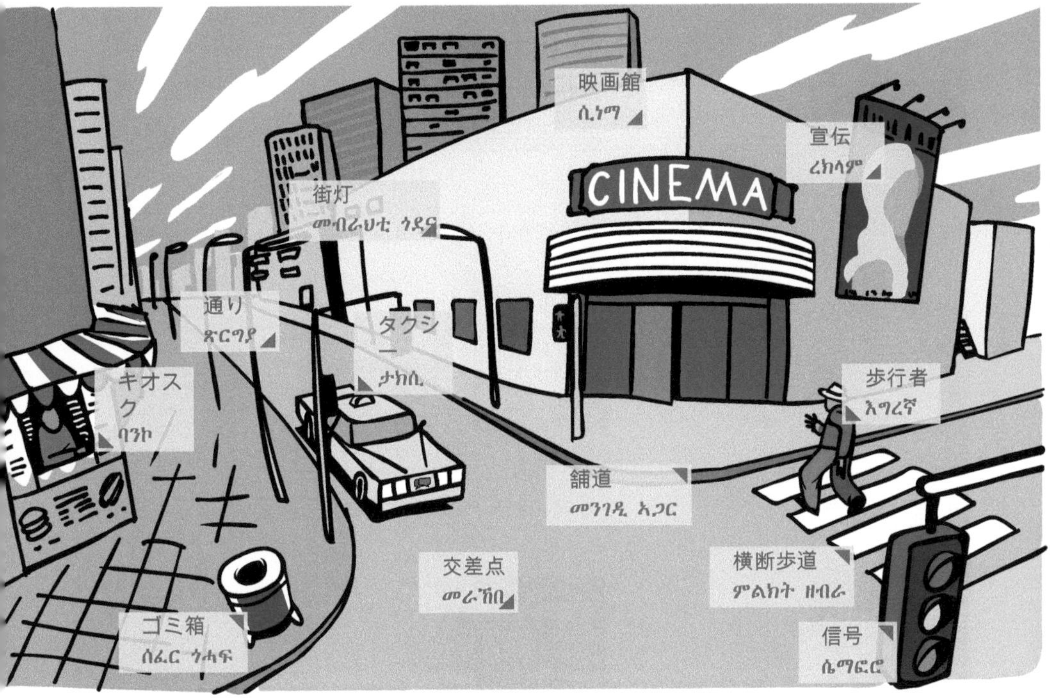

映画館
ሲነማ

宣伝
ረክላም

街灯
መብራሀቲ ጎደና

CINEMA

通り
ጎርግያ

タクシー
ታክሲ

キオスク
ባንኮ

歩行者
እግረኛ

舗道
መንገዲ እጋር

交差点
መራኸቢ

横断歩道
ምልክት ዘብራ

ゴミ箱
ስፈር ጎሓፍ

信号
ሴማፍር

小屋
አጉዶ

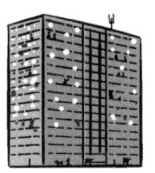

アパート
አፓርትመንት

駅
መዕረፊ ባቡር

市役所
ቤት ምምሕዳር

美術館
ቤተ መዘክር

学校
ቤት-ትምህርቲ

都市 - ከተማ

大学

ዩኒቨርሲቲ

銀行

ባንክ

病院

ሆስፒታል

ホテル

መቐበሊ ኣጋይሽ

薬局

ቤት መድሃኒት

オフィス

ቤት ጽሕፈት

書店

ዱኳን መጽሓፍቲ

ショップ

ዱኳን

花屋

ዱኳን ዕንባባ

スーパーマーケット

ሱፐርማርክት

市場

ዕዳጋ

デパート

ሹቕ

魚屋

ነጋዳይ ዓሳ

ショッピングセンター

ሹቕ

港

መርሳ

公園

መዘናግዒ

ベンチ

ባንኪ

橋

ድልድል

階段

መደያይቦ

地下鉄

ባቡር ትሕቲ ምድሪ

トンネル

ቢንቶ

バス停

መዕረፊ ኣውቶቡስ

バー

ቤት መስተ

レストラン

ቤት-መግቢ

ポスト

ሰታሪት

道路標識

ታቤላ

パーキングメーター

ሰዓት ፓርኪንግ

動物園

መካነ እንስሳታት

スイミングプール

መሓምበሲ

モスク

መስጊድ

農場

ቤት ሕርሻ

汚染

ብከላ

墓地

መቃበር

教会

ቤተክርስትያን

遊び場

ቦታ ምጽዋት

寺

ቤት መቅደስ

風景

ስእሊ መሬት

葉
ኣቝጽልቲ

道標
መሕበሪ መገዲ

道
መገዲ

草地
ሻዕ

石
እምኒ

木
ኣግራብ

ハイカ
ኮብላሊ

川
ፈለግ

草
ሰዓሪ

花
ዕንባባ

谷

ስንጭሮ

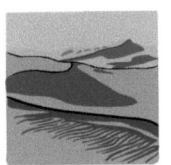

山

ጎቦ

湖

ቀላይ

森

ዱር

砂漠

ምድሪ በዳ

火山

እሳተ-ጎመራ

城

ግምቢ

虹

ቀስተ-ደመና

キノコ

ቃንጥሻ

ヤシの木

ዓርኮብኮባይ

蚊

ጣንጡ

ハエ

ሃመማ

蟻

ጻጸ

ミツバチ

ንህቢ

クモ

ሳሬት

カブトムシ

ሕንዚዝ

蛙

ዕንቅርዖብ

リス

ምጽጹላይ

ハリネズミ

ቅንፍዝ

ウサギ

ማንቲለ

フクロウ

ጉንጓ

鳥

ጭሩ

白鳥

ስዋን

雄豚

መፍለስ

鹿

ዓጋዘን

ヘラジカ

ሙስ

ダム

ግድብ

風力タービン

ተርባይን ንፋስ

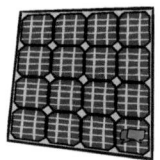

ソーラーパネル

ሶላር ስርሓት

気候

ኩነታት ኣየር

レストラン

ቤት-መግቢ

ウエイター
メニュー
ካርታ
መግብታት
椅子
መንበር
መረቕ
ピザ
ፒትሳ
刃物類
መመታተሪ
テーブルクロス
ክዳን ጣውላ

前菜

ቅድመ ቀንዲ መግቢ

メインコース

ቀንዲ መኣዲ

デザート

ድሕረ መግቢ

飲み物

መስተ

食べ物

መግቢ

ボトル

ጥርሙዝ

ファストフード

ስሉጥ መግቢ

屋台の食べ物

መግቢ ጽርግያ

ティーポット

ብርጭቆ ሻሂ

砂糖入れ

ታኒካ ሽኮር

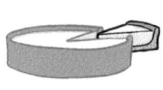

一人前

ክፋል

エスプレッソマシン

ማሺን ኤስፕረሶ

幼児用食事椅子

ነዊሕ መንበር

請求書

ጸብጻብ

トレー

ታብለት

ナイフ

ካራ

フォーク

ፋርከታ

スプーン

ማንካ

ティースプーン

ማንካ ሻሂ

ナプキン

ሰርቭየተ

グラス

ብኬሪ

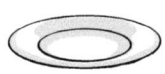

皿

ሽሓኒ

スープ皿

ሽሓኒ መረቕ

受け皿

ትሕቲ ኩባያ

ソース

ጸብሒ

塩入れ

ወሃቢ ጨው

ペッパーミル

መጥሓን በርበረ

酢

ኣቸቶ

油

ዘይቲ

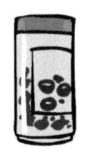

スパイス

ቀመም

ケチャップ

ከቹፕ

マスタード

ኣድሪ

マヨネーズ

ማዮኒዝ

レストラン - ቤት-መግቢ 19

スーパーマーケット

ሱፐርማርክት

特価品
FOR
顧客
ዓሚል
乳製品
ፍርያታት ጸባ
果物
ፍረታት

肉屋

እንዳ ስጋ

パン屋

እንዳ ባኒ

重さをはかる

ክብደት

野菜

ኣሕምልቲ

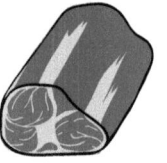

肉

ስጋ

冷凍食品

መግቢ ፍሪጅ በረድ

冷肉の薄切り

ዝሑል ቅሩብ መግቢ

缶詰食品

እስቃጥላ

洗剤

ኣሞ

菓子

ምቁር መግቢ

家庭用品

ዘቤታውያን ኣቕሑ

清掃用品

ናውቲ መጸረዩ

販売員

ሽቃጣይ

現金箱

ካሳ

レジ係

ተሓዝ ገንዘብ

買い物リスト

ዝርዝር ምግዛእ

開館時刻

ክፉት ሰዓታት

財布

ማሕፉዳ

クレジットカード

ክረዲት ካርድ

バッグ

ሳንጣ

ポリ袋

ፌስታል

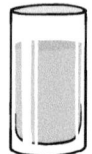

飲み物

መስተ

水

ማይ

ジュース

ጽማቑ

牛乳

ጸባ

コーラ

ኮላ

ワイン

ነቢት

ビール

ቢራ

アルコール

ኣልኮል

ココア

ካካው

紅茶

ሻሂ

コーヒー

ቡን

エスプレッソ

ኤስፕረሶ

カプチーノ

ካፑቺኖ

バナナ

ባናና

リンゴ

ቱፋሕ

オレンジ

ኣራንሺ

メロン

ብርጭቕ

レモン

ለሚን

ニンジン

ካሮት

ニンニク

ጻዕዳ ሽጉርቲ

竹

ባምቡስ

玉ねぎ

ሽጉርቲ

キノコ

ቅንጥሻ

ナッツ

ፉል

ヌードル

ፓስታ

スパゲッティ

ስፓገቲ

米

ሩዝ

サラダ

ሰላጣ

フライドポテト

ቅልዋ ድንሽ

フライドポテト

ቅሉው ድንሽ

ピザ

ፒትሳ

ハンバーガー

ሃምቡርገር

サンドウィッチ

ፓኒኖ

カツレツ

ቢስተካ

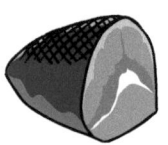

ハム

ሰለፍ ሓሰማ

サラミ

ሳላሚ

ソーセージ

ግዕዝም

鶏肉

ደርሆ

焼き

ቀለወ

魚

ዓሳ

24

食べ物 - መግቢ

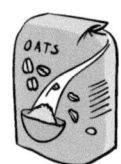

麦のお粥

ገዓት

ムーズリ

ሙስሊ

コーンフレーク

ኮርንፍለይክስ

小麦粉

ሓርጭ

クロワッサン

ክሮሶን

ロールパン

ባኒ

パン

ባኒ

トースト

ቶስት

ビスケット

ብሽኮቲ

バター

ጠስሚ

カッテージチーズ

ርግኦ

ケーキ

ፓስተ

卵

እንቋቑሓ

目玉焼き

ቅሉው እንቋቑሓ

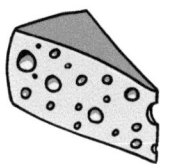

チーズ

ፋርማጆ

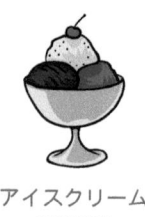

アイスクリーム

አይስ ክሪም

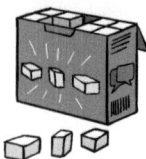

砂糖

ሽኮር

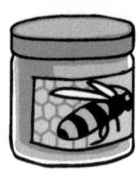

はちみつ

መዓር

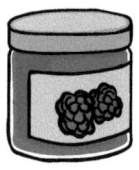

ジャム

ጀም

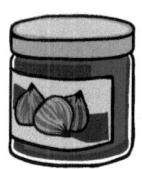

ヌガークリーム

ኑጋት-ክረም

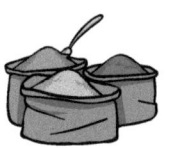

カレー

ኩሪ

農場

ቤት ሕርሻ

納屋
ストローベール
ሓሰር ቦንዳ
畑
ግራት
馬
ፈረስ
トレーラー
トラクター
ትራክተር
子馬
ロバ
羊
በጊዕ
子羊
ዕየት

ヤギ

ጤል

雌牛

ብዕራይ

子牛

ምራኽ

豚

ሓሰማ

子豚

ውላድ ሓሰማ

雄牛

ኣርሓ

ガチョウ

ዓዓ

アヒル

ማይ ደርሆ

ひよこ

ጫቑት

にわとり

ደርሆ

おんどり

ኣርሓ ደርሆ

ネズミ

ኣንጨዋ ዓባይ

猫

ድሙ

ねずみ

ኣንጭዋ

雄牛

ብዕራይ

犬

ከልቢ

犬小屋

ኣጉዶ ከልቢ

散水ホース

ቱባ ጀርዲን

じょうろ

መዝፈፊ ማይ

大鎌

ዓቢ ማዕጺድ

すき

ማሕረሻ

草刈り鎌

ማዕጺድ

くわ

ጭኽሮ

堆肥用フォーク

መስአ

斧

ፋስ

手押し車

ዓረብያ ኢድ

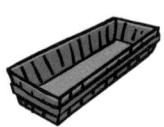

かいばおけ

ጋብላ

牛乳缶

ብርጭቆ ጸባ

袋

ክሻ

フェンス

ሓጹር

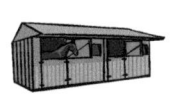

畜舎

መንሰስ

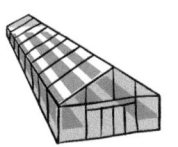

温室

ቖጠልያ ገዛ

土壌

ባይታ

種

ዘርኢ

肥料

ድኹዒ

コンバイン

ዘጣምር ቀውዓይ

収穫する

ቀውዐ

収穫

ጻማ

ヤマイモ

ድንሽ ያም

小麦

ስርናይ

大豆

ሶያ

じゃがいも

ድንሽ

トウモロコシ

ዕፉን

菜種

ራፕስ

果樹

ገረብ ፍረታት

キャッサバ

ማኒኦክ

穀物

ኣእኻል

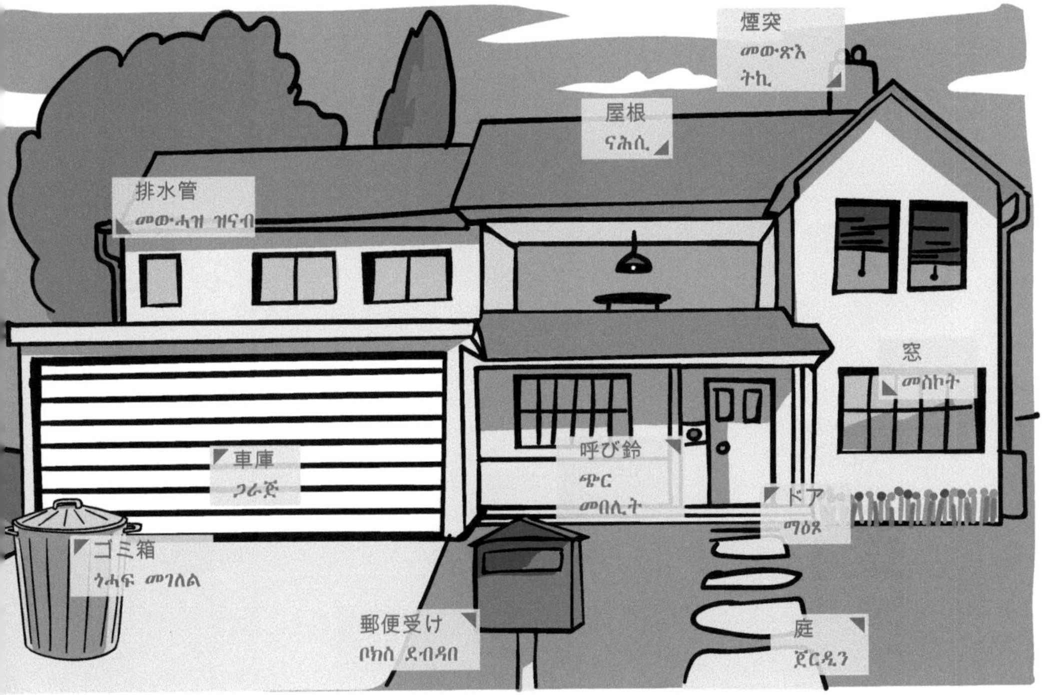

煙突
መውጽእ
ትኪ

屋根
ናሕሲ

排水管
መውሓዚ ዝናብ

窓
መስኮት

車庫
ጋራጅ

呼び鈴
ጭር
መበሊት

ドア
ማዕፆ

ゴミ箱
ጎሓፍ መገለል

郵便受け
ቦክስ ደብዳበ

庭
ጀርዲን

リビングルーム

ክፍሊ ምቕማጥ

浴室

ክፍሊ ባንዮ

台所

ክሽነ

寝室

ክፍሊ መደቀሲ

子供部屋

ክፍሊ ቆልዑ

ダイニング・ルーム

መመገቢ ክፍሊ

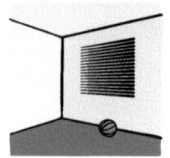

床

ባይታ

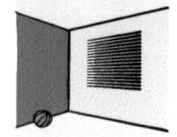

壁

መንደቕ

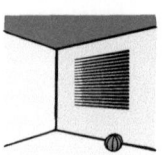

天井

ከቦርታ

地下貯蔵庫

ካንቲና

サウナ

ሳውና

バルコニー

ባልኮን

テラス

ዛላ

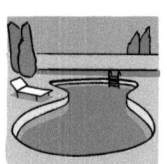

プール

መሕምበሲ

芝刈り機

መቑረጺ ሳዕሪ

シーツ

ኣንሶላ ዓራት

ベッドカバー

ከቦርታ ዓራት

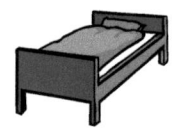

ベッド

ዓራት

ほうき

መኾስተር

バケツ

መገለል

スイッチ

መወልዒት

リビングルーム

ክፍሊ ምቕማጥ

壁紙
ወረቐት መንደቕ
絵
ስእሊ
棚
ከብሒ
食器棚
ከብሒ
テレビ
ተለቪዥን
暖炉
መውጽኢ ትኪ ኣብ ገዛ
花
ዕንባባ
クッション
መተርኣስ
ソファ
ሳሎን
花瓶
リモコン
ሪሞት

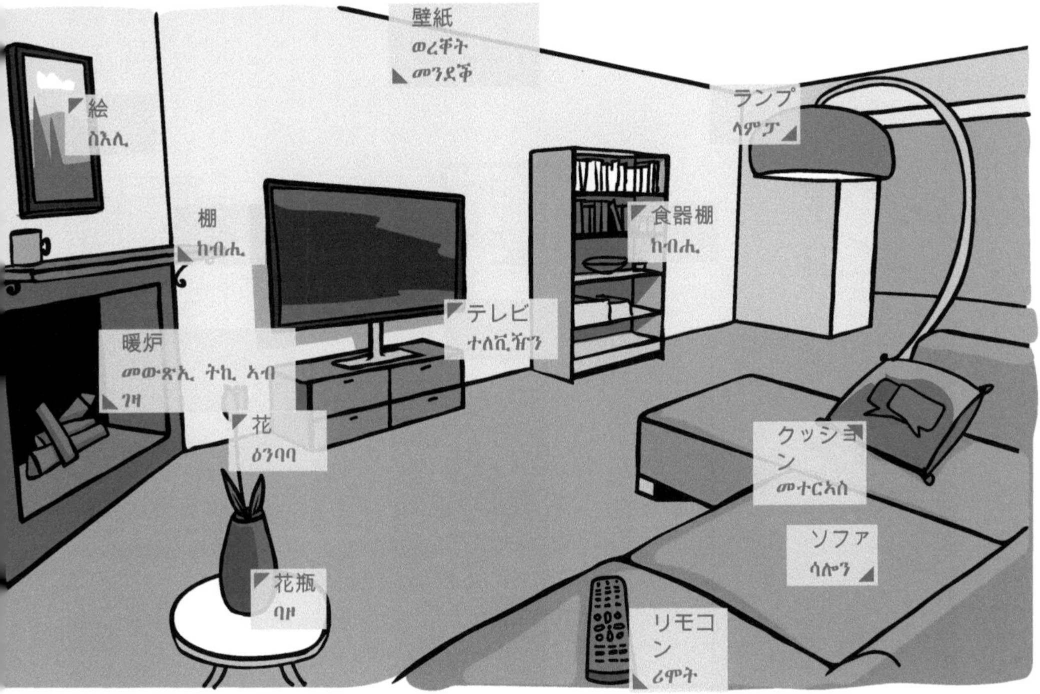

カーペット

መንጸፍ

カーテン

መጋረጃ

テーブル

ጣውላ

椅子

መንበር

ロッキングチェア

ሰለል ዝብል መንበር

ひじ掛け椅子

መንበር ምቹእ

本

መጽሓፍ

毛布

ክቦርታ

飾り

ስልማት

たきぎ

እንጨይቲ ሓዊ

映画

ፊልም

ステレオ

ስተረዮ

鍵

መፍትሕ

新聞

ጋዜጣ

絵画

ቕብኣ

ポスター

ፖስተር

ラジオ

ረድዮ

メモ帳

ጥራዝ

掃除機

መልገሲ ደሮና

サボテン

በለስ

ろうそく

ሽምዓ

台所

ክሽነ

冷蔵庫
電子レンジ
調理用はかり
ሚዛን ክሽነ
トースター
ቶስተር
洗剤
መጽረዪ
オーブン
እቶን
冷凍室
ゴミ箱
ጎሓፍ መገለል
食器洗い機
መጽረዪ ኣቑሑ መግቢ

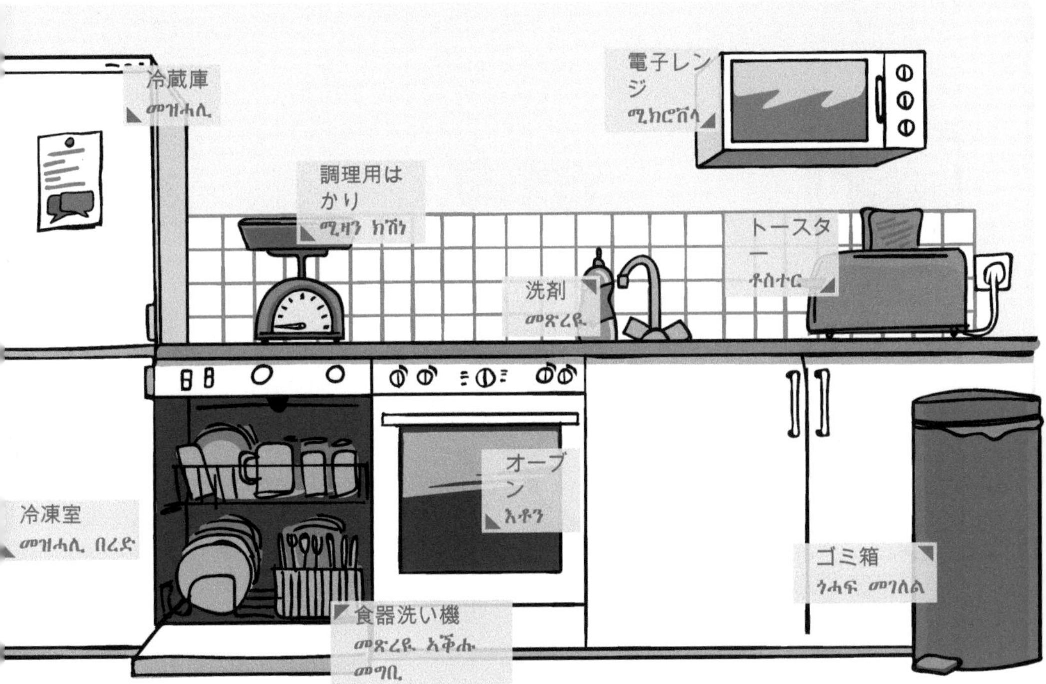

こんろ

መኸሸኒ

鍋

ድስቲ

鉄鍋

ድስቲ ሓጺን

中華鍋/ カダイ鍋

ቮክ/ካዳይ

フライパン

ባደላ

やかん

መውዓዪ ማይ

蒸し器

መፍልሒ

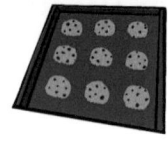

天板

ጓንቴራ ምስንካት

食器

ኣቕሑ መግቢ

マグカップ

ብርጭቆ

ボウル

ጭሖሎ

箸

ማንካቜና

おたま

ማንካ መረቕ

へら

መገልበጢ ባደላ

泡立て器

መኾስተር ውርጪ

こし器

መንፊት መግቢ

ふるい

መንፊት

すりおろし器

መፋሕፍሒ

すり鉢

ሞርታር

バーベキュー

ባርቢክዩ

かまど

ስፍራ ሓዊ

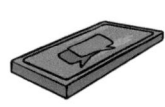

まな板

እንጨይቲ ምምታር

麺棒

እንጨይቲ ኲረር

栓抜き

መኽፈት ቡሽ

缶

ታኒካ

缶切り

መኽፈቲ ታኒካ

鍋つかみ

ጨርቂ ድስቲ

流し

ቡምባ

ブラシ

ኣስባስላ

スポンジ

ሰፍነግ

ミキサー

ሓዋሲ ኣደባላቒ

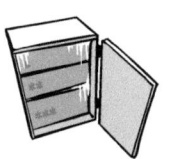

冷凍庫

መዝሓሊ በረድ

哺乳瓶

ጥርሙዝ ማማይ

蛇口

ቡምባ ማይ

浴室

ክፍሊ ባንዮ

ヒーター
መውዓዪ
シャワー
መሕጸቢ ሻወር
タオル
シャワーカーテン
ሻወር መጋረጃ
泡風呂
መሕጸቢ ዓፍራ
浴槽
ባንዮ መሕጸቢ
グラス
ብኬሪ
洗濯機
ሓጻቢት
蛇口
ቡምባ ማይ
タイル
おまる
ድስቲ
流し
ቡምባ

トイレ

ሽቓቕ

和式トイレ

ሽቓቕ ኮፍ

ビデ

በዱ

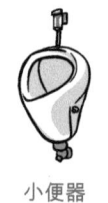

小便器

ሽቓቕ ተባዕታይ

トイレットペーパー

ወረቐት ሽቓቕ

トイレブラシ

ኣስባስላ ሽቓቕ

歯ブラシ

ኣስባስላ ስኒ

歯みがき

ክረማ ስኒ

デンタルフロス

ሃሪ ስኒ

洗う

ሓጸበ

シャワーヘッド

ዱሽ ኢድ

ハンドビデ

ዱሽ

洗面台

ብርጭቆ ምሕጻብ

ボディブラシ

ኣስባስላ ሕቖ

石鹸

ሳምና

シャワー用ジェル

ሻወር ጀል

シャンプー

ሻምፑ

浴用タオル

ጨርቂ መሕጻቢ

排水口

መውሓዚ

クリーム

ክረማ

消臭

ደዮ ጨና

鏡

መስትያት

手鏡

ናይ ኢድ መስትያት

かみそり

መላጸ

シェービング· フォーム

ዓፍራ ምልጻይ

アフターシェーブローション

ጨና ድሕሪ ምልጻይ

櫛

መመሸጥ

ブラシ

ኣስባስላ

ドライヤー

መንቐጺ ጸጉሪ

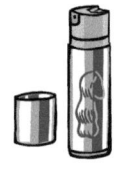

ヘアスプレー

ስፕረይ ጸጉሪ

化粧

መመላኸዒ

口紅

ብርዒ ቀለም ከንፈር

マニキュア

ኣዝማልቶ

脱脂綿

ጸምሪ ጡጥ

爪切り

መስደዲ ጽፍሪ

香水

ጨና

洗面用具入れ

ሳንጣ መሕጸቢ

スツール

ድኳ

体重計

ሚዛን

バスローブ

ክዳን መሕጸቢ

ゴム手袋

ጓንቲ መጸረዪ

タンポン

ታምፖን

生理用ナプキン

ጨርቂ ሰበይቲ

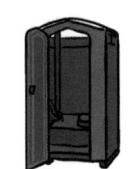

ケミカルトイレ

ሽቓቕ ከሚስትሪ

子供部屋

ክፍሊ ቆልዑ

目覚まし時計
ኣላርም መተስኢ
ぬいぐるみ
መጻወቲ እንስሳ
おもちゃの自動車
መጻወቲ መኪና
がらがら
ドール・ハウス
ቤት ባምቡላ
プレゼント
ህያብ

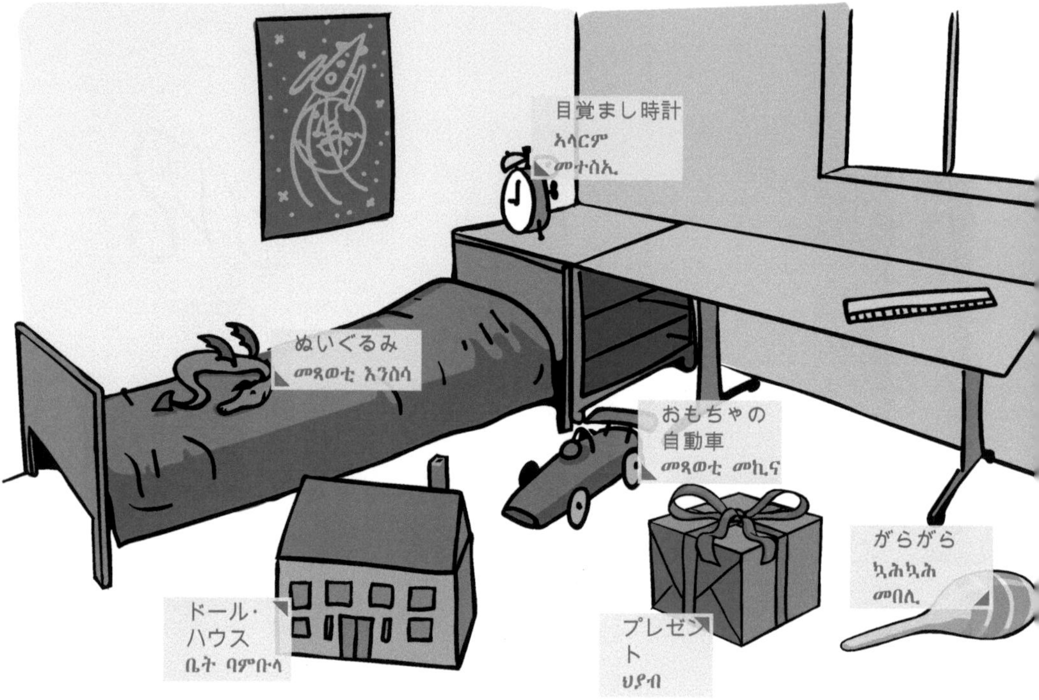

風船

ባላንችና

ベッド

ዓራት

ベビーカー

ሰረገላ ህጻን

カードゲーム

ጸወታ ካርታ

ジグソーパズル

ሕንቅሊተይ

漫画

ኮሚዲ

レゴ

እምንታት መጻወቲ ለጎ

玩具ブロック

መጻወቲ እምንታት

アクションフィギュア

በዓል አክቾን

ロンパース

ክዳን ማማይ

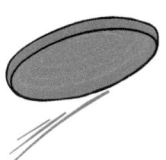

フリスビー

ፍሪስቢ

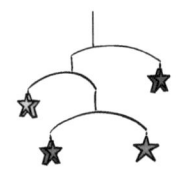

モバイル

ሞባይል ማማይ

ボードゲーム

ጸወታ ሰሌዳ

さいころ

ኩቦ

鉄道模型

ሞደል ባቡር ምድሪ

おしゃぶり

ዓባስ

パーティー

ፓርቲ

絵本

መጽሓፍ ስእሊ

ボール

ኩዕሶ

人形

ባምቡላ

遊ぶ

ተጻወተ

砂場

መጻወቲ ሑጻ

ブランコ

ሰላል

おもちゃ

መጻወቲታት

ゲーム機

ኮንሶል ቪድዮ

三輪車

መጻወቲ ሰለስተ መንኮርኮር

テディベア

ተዲ

衣装ダンス

ክብሒ ክዳን

衣服

ክዳን

靴下

ካልሲታት

ストッキング

ነዊሕ ካልሲታት

タイツ

ስረ ካልሲ

スカーフ
ሻርባ

雨傘
ጽላል

Tシャツ
ማልያ

ベルト

ブーツ

スニーカー
ስኒከርስ

スリッパ
ጫማ ገዛ

サンダル

ሸበጥ

靴

ጫማ

ゴム長靴

ረፋዕ ጎማ

パンツ

ሙታንታ

ブラ

ክዳን ጡብ

ベスト

ትሕተ ካሚቻ

ボディースーツ

ቦዲ

ズボン

ስረ

ジーンズ

ጂንስ

スカート

ቀምሽ

ブラウス

ካምቻ

シャツ

ካሚቻ

セーター

ጉልፎ

パーカー

ጎልፎ

ブレザー

ጃኬት

ジャケット

ጃከት

コート

ጁባ

レインコート

ክዳን ዝናብ

服装

ኮስቱም

ドレス

ቀምሽ

ウェディングドレス

ቀምሽ መርዓ

スーツ

ልብሲ

ナイトガウン

ካሚቻ ለይቲ

パジャマ

ክዳን ለይቲ

サリー

ሳሪ

ヘッドスカーフ

መሃረብ ርእሲ

ターバン

ቱርባን

ブルカ

ቡርካ

カフタン

ካፍታን

アバヤ

ኣባያ

水着

ክዳን መሕምበሲ

トランクス

ስረ መሕምበሲ

半ズボン

ሓጺር ስረ

スウェットスーツ

ክዳን ታዕሊም

エプロン

በጃ ክዳን

手袋

ጓንቲ

ボタン

መልጎም

メガネ

መነጽር

ブレスレット

በንናጅር

ネックレス

ማዕተብ

指輪

ቀለበት

イヤリング

ኩትሻ

帽子

ቆብዕ

ハンガー

መንበሪ ጁባ

帽子

ባርኔጣ

ネクタイ

ካርራቫት

ファスナー

ሻርነጣ

ヘルメット

ሀልመት

サスペンダー

መድልደል ስረ

制服

ድቢዛ ቤትትምህርቲ

ユニフォーム

ድቢዛ

よだれかけ

ሰደርያ ቆልዓ

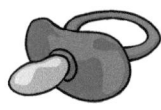

おしゃぶり

ዓባስ

おむつ

ጨርቂ ማማይ

オフィス

ቤት ጽሕፈት

サーバ
ሰርቨር
書類キャビネット
ከብሒ ሰነድ
プリンター
ፕሪንተር
紙
ወረቐት
モニター
マウス
事務机
ጣውላ ምጽሓፍ
フォルダー
キーボード
ごみ箱
ጉሓፍ ወረቐት
コンピューター
ኮምፒተር
椅子
መንበር

コーヒーマグ

ብርጭቆ ቡን

計算機

ካልኩለተር

インターネット

ኢንተርነት

ラップトップ

ለፕቶፕ

手紙

ደብዳበ

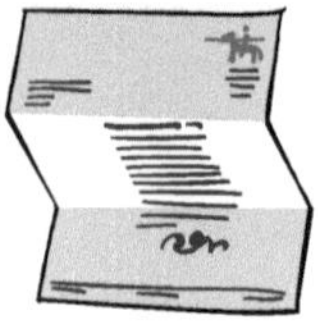

メッセージ

መልእኽቲ

携帯電話

ሞባይል

ネットワーク

ነትወርክ/መርበብ

コピー機

መቅድሒ ፎቶኮፒ

ソフトウェア

ሶፍትዌር

電話

ተለፎን

コンセント

ሶከት ኳረንቲ

ファックス

ፋክስ

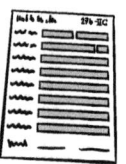

フォーム

ፎርም

書類

ሰነድ

買う

ገዝአ

支払う

ከፈለ

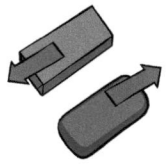

取引する

ንግዲ

お金

ገንዘብ

 **USD**

ドル

ዶላር

 **EUR**

ユーロ

አይሮ

 **JPY**

円

የን

 **RUB**

ルーブル

ሩብል

 **CHF**

スイスフラン

ስዊዝ ፍራንክን

 **CNY**

人民元

ረንሚንቢ, ዩዋን

 **INR**

ルピー

ሩፕየ

キャッシュポイント

መውጽኢ, ማሺን ገንዘብ

両替所

ቦታ ቅያር ገንዘብ

金

ወርቂ

銀

ብሩር

油

ዘይቲ

エネルギー

ሓይሊ

価格

ዋጋ

契約

ውዕል

税金

ቀረጽ

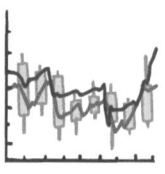

株

እኩብ ጥረ-ነገራት

働く

ሰርሐ

従業員

ሰራሕተኛ

雇用主

ኣስራሒ

工場

ትካል

ショップ

ዱኳን

職業
ሞያታት

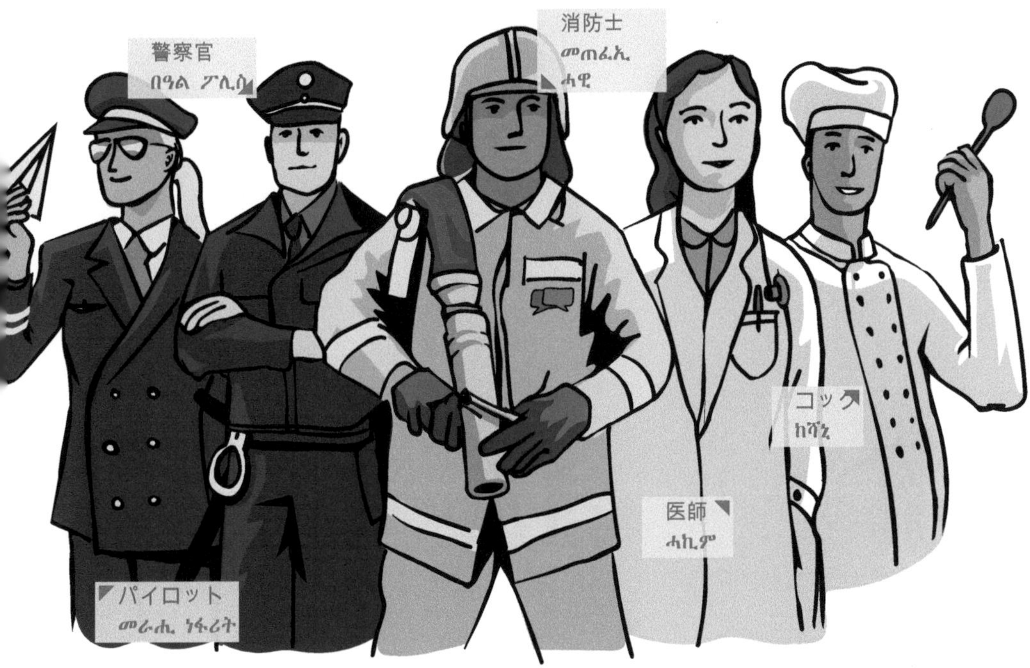
警察官
በዓል ፖሊስ
消防士
መጠፈኢ ሓዊ
コック
ከሻኒ
医師
ሓኪም
パイロット
መራሒ ነፋሪት

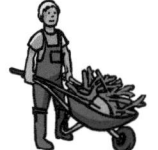

庭師

ሰራሕተኛ ጀርዲን

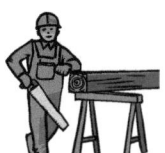

大工

ጸራቢ ዕንጸይቲ

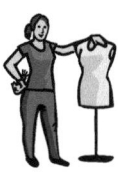

お針子

ሰፋይት

裁判官

ፈራዳይ

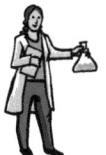

化学者

ቀማሚ

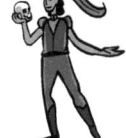

俳優

ተዋሳኢ

バスの運転手

መራሒ ኣዉቶቡስ

タクシー運転手

ኣውቲስታ ታክሲ

漁師

ገፋፊ ዓሳ

掃除婦

ጸራጊት

屋根ふき職人

ሃናጻይ ናሕሲ

ウェイター

ኣሰላፊ

ハンター

ሃዳናይ

塗装工

ሰኣላይ

パン屋

እንዳ ሕብስቲ

電気工

ኤለትሪክኛ

建設作業員

ሃናጺ ኣባይቲ

エンジニア

ሃንዳሲ

肉屋

ሰራሕተኛ እንዳ ስጋ

配管工

ድራብሊኮ

郵便配達人

ኣማላላሲ ፖስጣ

軍人

ወተሃደር

建築家

መሃንድስ

レジ係

ተሓዝ ገንዘብ

花屋

ሰራሕተኛ ዕምባባ

美容師

ቀምቃማይ

車掌

ፈተሪኖ

機械工

መካኒክ

キャプテン

መራሒ መርከብ

歯科医

ሓኪም ስኒ

科学者

ተመራማሪ

ラビ

ራቢ

イスラム導師

ኢማም

修道士

ፈላሲ

牧師

ቀሺ

道具

ናውቲ

ハンマー
くぎ抜き
ጉጤት
ドライバー
スパナ
懐中電灯
ላምፓዲና

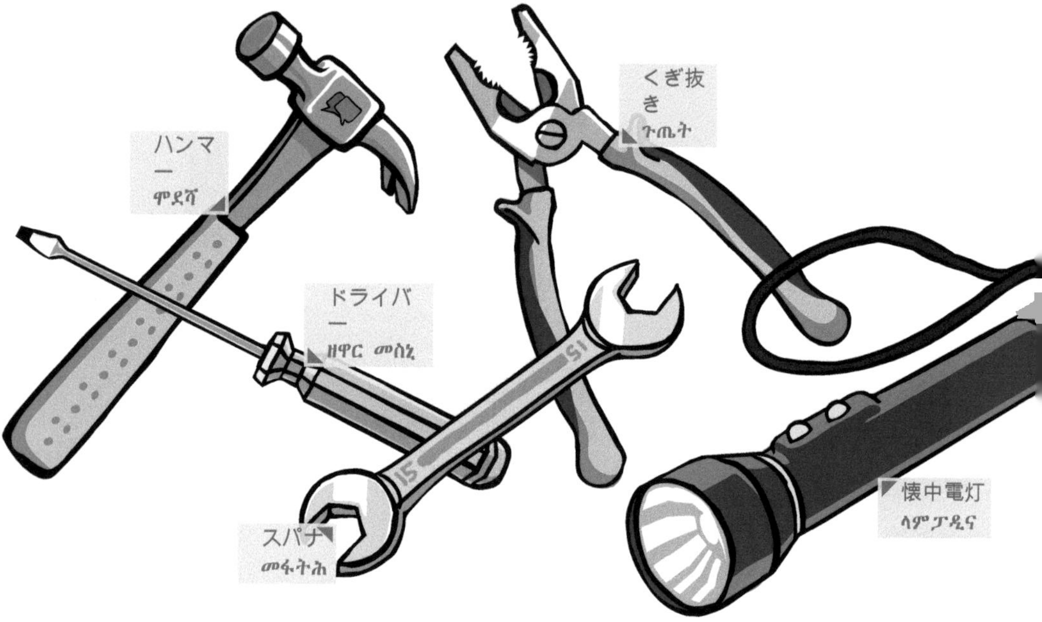

掘削機

ፈሓሪ

道具箱

ናውቲ ቦክስ

はしご

መደያይቦ

のこぎり

መጋዝ

釘

መስማር

ドリル

ኰዓቲ

修理する

ምዕራይ

シャベル

ባደላ

クソ！

አይ!

ちりとり

መትሐዚ ዶሮና

ペンキ缶

ድስቲ ቀለም

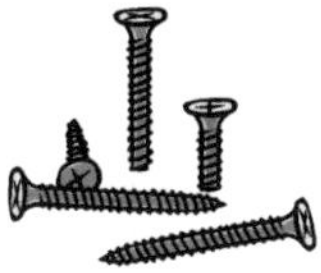

ネジ

ካቻቢተ

楽器

መሳርሒ ሙዚቃ

打楽器
ከበሮታት

スピーカ
እስፒከር

コントラバス
ረጉዱ ዓባይ
ጊታር

トランペ
ット
ትሮምፔት

ギター
ጊታር

ピアノ

ፒያኖ

バイオリン

ቪዮሊን

バス

ባስ ጊታር

ティンパニ

ቲምንኢ

ドラム

ከቦሮ

キーボード

ኦርጋን

サックス

ሳክሶፎን

フルート

ሻምብቆ

マイクロフォン

ሚክሮፎን

動物園

መካነ እንስሳታት

虎
入口
መእተዊ
おり
ጎብያ
シマウマ
ኣድጊ በረኻ
飼料
መግቢ እንስሳ
パンダ
ፓንዳ

動物

እንስሳታት

象

ሓርማዝ

カンガルー

ካንጋሩ

サイ

ሓሪሽ

ゴリラ

ጐሪላ

熊

ድቢ

ラクダ

ገመል

ダチョウ

ሰገን

ライオン

ኣንበሳ

猿

ህበይ

フラミンゴ

ፍላሚንጎ

オウム

ሕንጻይ

白クマ

ድቢ በረድ

ペンギン

ፐንጉን

サメ

ከልቢ ዓሳ

クジャク

ጣውስ

蛇

ተመን

ワニ

ሓርገጽ

飼育係

ሓላዊ ቤት ገርድሽ

アザラシ

ዓሳ ዚምገብ እንስሳ ባሕሪ

ジャガー

ጃጓር

ポニー

ሓጺር ፈረስ

ヒョウ

ነብሪ

カバ

ጉማረ

キリン

ጂራፍ

鷲

ሊላ

雄豚

መፍለስ

魚

ዓሳ

亀

ጎብየ

セイウチ

ዋልሩስ

狐

ወኻርያ

ガゼル

ሰስሓ

アメフト
ናይ አሜሪካ ኩዕሶ እግሪ

サイクリング
ምዝዋር ብሽግለታ

テニス
ተኒስ

バスケット
ボール
ባስከትባል

水泳
ምሕምባስ

ボクシン
グ
ቦክሲንግ

アイスホ
ッケー
ሆኪ በረድ

サッカー

ኩዕሶ እግሪ

バドミントン

ባድሚንቶን

陸上競技

እስፖርታዊ ንጥፈታት

ハンドボール

ኩዕሶ ኢድ

スキー

ስኪ

ポロ

ፖሎ

跳ぶ
ነጠረ

抱きしめる
ሓቘፈ

笑う
ስሓቐ

歩く
ከደ

歌う
ደረፈ

夢見る
ሓለመ

祈る
ጸለየ

キス
ሰዓመ

書く

ጸሓፈ

描く

ሰኣለ

示す

ኣርኣየ

押す

ደፍአ

与える

ሃበ

取る

መሰደ

持っている

ኣለወ

する

ገበረ

ある

ኮነ

立つ

ጠጠው በለ

走る

ጎየየ

引く

ሰሓበ

投げる

ሰንደወ

落ちる

ወደቐ

横たわっている

ሓሰወ

待つ

ተጸበየ

運ぶ

ሰከም

座る

ኮፍ በለ

着る

ተኸድነ

眠る

ደቀሰ

目が覚める

ተስአ

見る

ረአየ

泣く

በኸየ

なでる

ብኣጻብዑ ደረዘ

櫛ですく

መሸጠ

話す

ተዛረበ

理解する

ተረድአ

質問する

ሓተተ

聞く

ሰምዐ

飲む

ሰተየ

食べる

በልዐ

片づける

ኣቐመጠ

愛する

ኣፍቀረ

料理する

ከሸነ

運転する

ዘወረ

飛ぶ

ነፈረ

ヨットに乗る

ብመርከብ ገየሸ

計算する

ደመረ

読む

ኣንበበ

学ぶ

ተመሃረ

働く

ሰርሐ

結婚する

መርዓወ

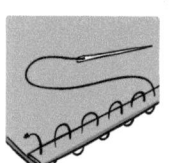

縫う

ሰፈየ

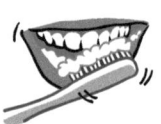

歯を磨く

ጽሬት ኣስናን

殺す

ቀተለ

喫煙する

ሽጋራ ተከኽ

送る

ሰደደ

祖母
ዓባየ

祖父
አቦሓጎ

父
አቦ

母
አደ

赤ん坊
ማማይ

娘
ጓል

息子
ወዲ

お客様

ጋሻ

おば

ሓትኖ

おじ

አኮ

兄弟

ሓው

姉妹

ሓፍቲ

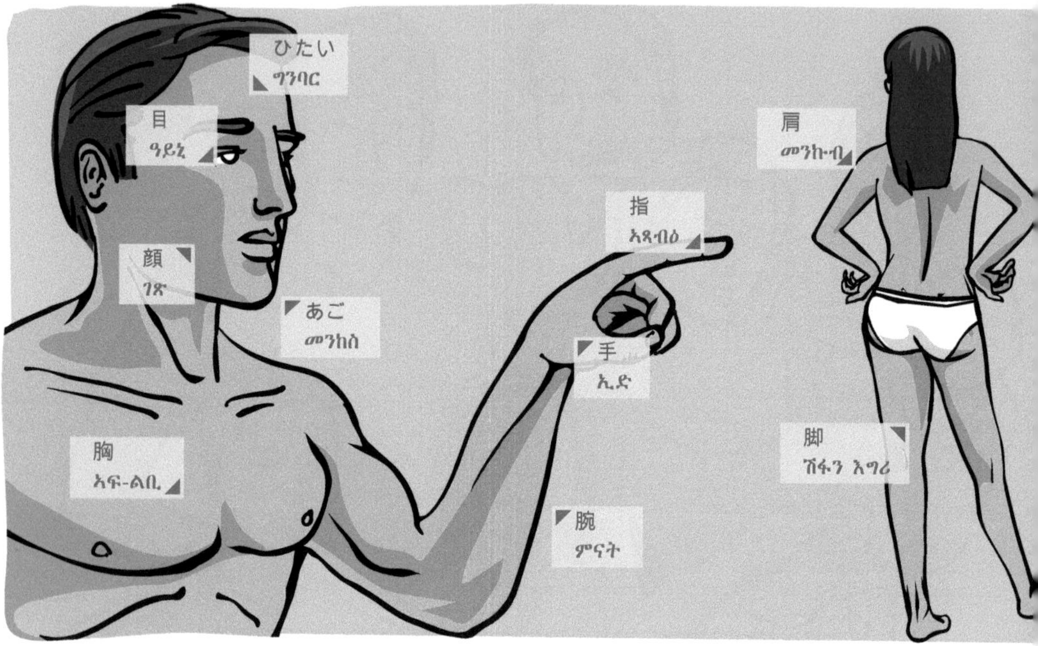

ひたい
ግንባር

目
ዓይኒ

顔
ገጽ

あご
መንከስ

胸
አፍ-ልቢ

肩
መንኩብ

指
አጻብዕ

手
ኢድ

腕
ምናት

脚
ሽፋን እግሪ

赤ん坊

ማማይ

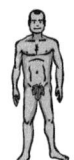

男性

ሰብአይ

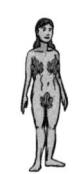

女性

ሰበይቲ

少女

ጓል

少年

ወዲ

頭

ርእሲ

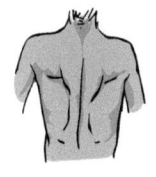

背中

ሕቖ

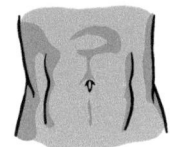

腹

ከስዐ

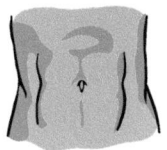

へそ

ሕምብርቲ

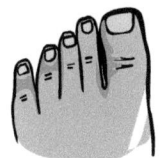

足指

ኣጻብዕ እግሪ

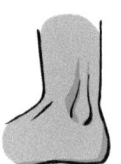

かかと

ኩርኾረ

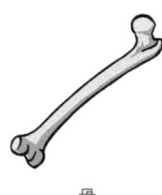

骨

ዓጽሚ

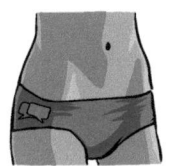

腰

ምሕኩልቲ

ひざ

ብርኪ

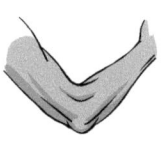

ひじ

ፎግፎጎ

鼻

ኣፍንጫ

尻

መዓኮር

皮膚

ቆርበት

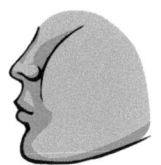

頬

ምዕጉርቲ

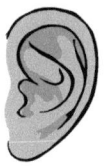

耳

እዝኒ

唇

ከንፈር

口

አፍ

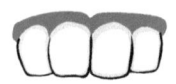

歯

ስኒ

舌

መልሓስ

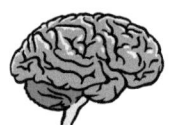

脳

ሓንጎል

心臓

ልቢ

筋肉

ጭዋዳ

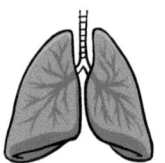

肺

ሳንቡእ

肝臓

ጸላም ከብዲ

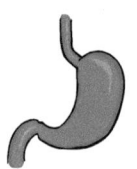

胃

ከብዲ

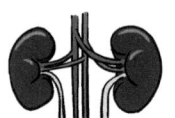

腎臓

ኵሊት

セックス

ግብረ ስጋ

コンドーム

ኮንዶም

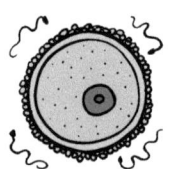

卵細胞

እንቋቑሖ

精液

ዘርኢ ተባዕታይ

妊娠

ጥንሲ

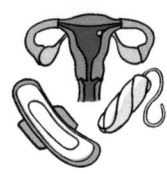

月経

ጽግያት

膣

ርሕሚ

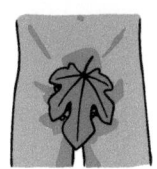

ペニス

መትሎ

眉

ሽፋሽፍቲ

髪

ጸግሪ

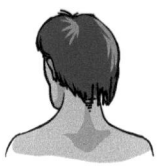

首

ክሳድ

病院

ሆስፒታል

救急車
መኪና ኣምቡላንስ
車椅子
መንበር ዓረብያ
骨折
ስባር

医師

ሓኪም

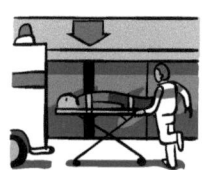

救急治療室

ክፍሊ ህጹጽ ረድኤት

看護師

ኣላይት

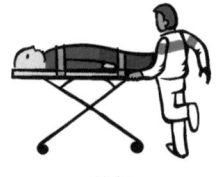

救急

ህጹጽ ኩነት

失神

ውነኡ ዘጥፍአ

痛み

ቃንዛ

けが

ጉድኣት

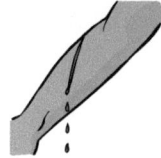

出血

ደም

心臓発作

ማህረምቲ

脳卒中

ማህረምቲ

アレルギー

ኣለርጂ

咳

ሰዓል

熱

ረስኒ

インフルエンザ

ኢንፍልወንዛ

下痢

ውጽኣት

頭痛

ቃንዛ ርእሲ

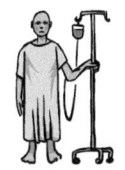

癌

መንሽሮ

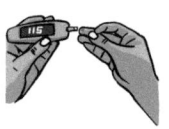

糖尿病

ሹኮርያ

外科医

ሓኪም መጥባሕቲ

外科用メス

መጥብሒ

手術

መጥባሕቲ

CT

CT

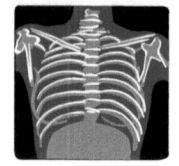

レントゲン

ራጂ

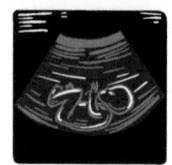

超音波

ልዕለ ድምጻዊ

マスク

መሸፈኒ ገጽ

病気

ሕማም

待合室

ክፍሊ ምጽባይ

松葉づえ

ምርኩስ

ばんそうこう

መጀነኒ ቑስሊ

包帯

መጀነኒ

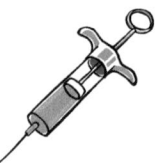

注射

መርፍዕ ምውጋእ

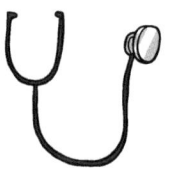

聴診器

ስተቶስኮፕ

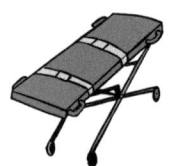

担架

መሰከሚ ሕማም

体温計

ቴርሞመተር

出産

ትውልዲ

肥満

ልዕለ-ሚዛን

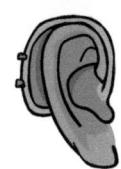

補聴器

ሓገዝ ምስማዕ

消毒剤

ኣንጻሂ

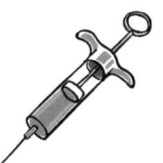

感染

ለበዳ

ウイルス

ቫይረስ

HIV / エイズ

ኤድስ

内服薬

ሕክምና

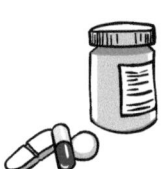

予防接種

ክታበ

錠剤

ከኒና

ピル

ከኒና

緊急電話

ህጹጽ ምድዋል

血圧計

መዕቀኒ ጸቕጢ ደም

病気の / 健康な

ሕሙም / ጥዑይ

救急

ህጹጽ ኩነት

助けて！

ሓገዝ

アラーム

ኣላርም

暴行

ምህጃም

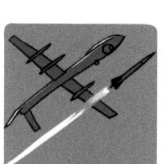

攻撃

መጥቃዕቲ

危険

ድንገት

非常口

ህጹጽ መውጽኢ

火事だ！

ሓዊ!

消火器

መጥፋኢ ሓዊ

事故

ሓደጋ

救急箱

ሳንጣ ቀዳማይ ረድኤት

SOS

SOS

警察

ፖሊስ

ヨーロッパ

ኤውሮጳ

北米

ሰሜን ኣመሪካ

南米

ደቡብ ኣመሪካ

アフリカ

ኣፍሪቃ

アジア

ኤስያ

オーストラリア

ኣውስትራልያ

大西洋

ኣትላንቲክ

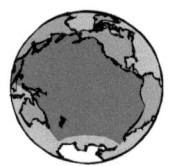

太平洋

ፓሲፊክ

インド洋

ህንዳዊ ዉቅያኖስ

南極海

ኣንታርቲካዊ ዉቅያኖስ

北極海

ኣርክቲካዊ ዉቅያኖስ

北極

ሰሜናዊ ዋልታ

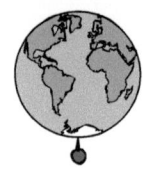

南極

ደቡባዊ ዋልታ

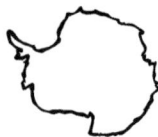

南極大陸

ኣንታርቲካ

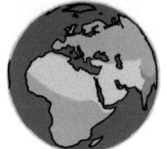

地球

ምድሪ

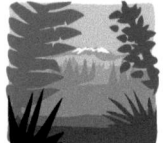

陸

መሬት

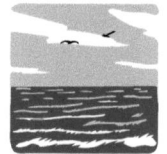

海

ባሕሪ

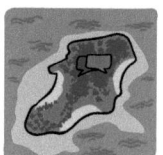

島

ደሴት

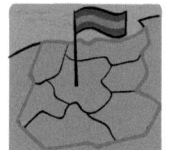

国家

ሃገር

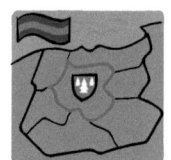

国家

ዓዲ

時計
ሰዓት

文字盤

ገጽ ሰዓት

短針

ኣመልካቲ ሰዓታት

長針

ኣመልካቲ ደቓይቕ

秒針

ኣመልካቲ ካልኢት

何時ですか？

ሰዓት ክንደይ ኣሎ?

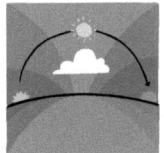

日

መዓልቲ

時間

ግዜ

現在

ሕጂ

デジタル時計

ዲጂታል ሰዓት

分

ደቒቕ

時間

ሰዓት

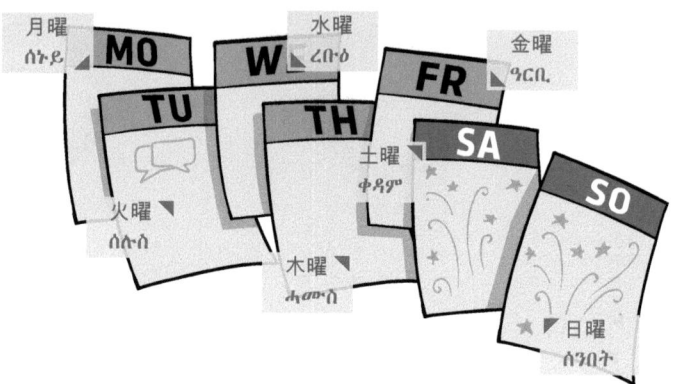

月曜
ሰኑይ
MO

火曜
ሰሉስ
TU

水曜
ረቡዕ
W

木曜
ሓሙስ
TH

土曜
ቀዳም
SA

金曜
ዓርቢ
FR

日曜
ሰንበት
SO

昨日

ትማሊ

今日

ሎሚ

明日

ጽባሕ

朝

ንጎሆ

昼

ቀትሪ

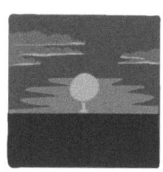

夜

ምሸት

MO	TU	WE	TH	FR	SA	SU
1	2	3	4	5	6	7
8	9	10	11	12	13	14
15	16	17	18	19	20	21
22	23	24	25	26	27	28
29	30	31	1	2	3	4

営業日

መዓልታት ስራሕ

MO	TU	WE	TH	FR	SA	SU
1	2	3	4	5	6	7
8	9	10	11	12	13	14
15	16	17	18	19	20	21
22	23	24	25	26	27	28
29	30	31	1	2	3	4

週末

መወዳእታ ሰሙን

雨
ዝናብ
虹
ቀስተ-ደመና
風
ንፋስ
雪
በረድ
春
秋
ቀውዒ
夏
ሓጋይ
冬
ክረምቲ

4.APRIL 11°
5.APRIL 4°
6.APRIL 13°
7.APRIL 8°
8.APRIL 10°

天気予報

ትንቢት ኩነታት ኣየር

0
10
0
-10

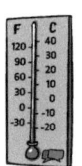

温度計

ቴርሞመተር

日差し

ብርሃን ጸሓይ

雲

ደበና

霧

ግመ

湿度

ጠሊ

雷

ብርቂ

雷

ነጎዳ

嵐

ህቦብላ

ひょう

በረድ

季節風

ብርቱዕ ህቦብላ

洪水

ውሕጅ

氷

በረድ

1月

ጥሪ

2月

ለካቲት

3月

መጋቢት

4月

ሚያዝያ

5月

ጉንበት

6月

ሰነ

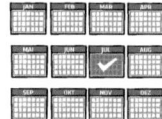

7月

ሓምለ

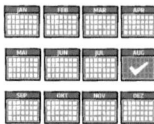

8月

ነሓሰ

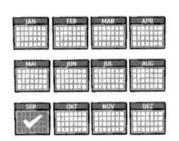

9月

መስከረም

10月

ጥቅምቲ

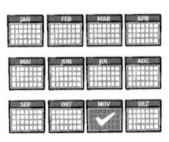

11月

ሕዳር

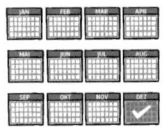

12月

ታሕሳስ

形
ቅርጽታት

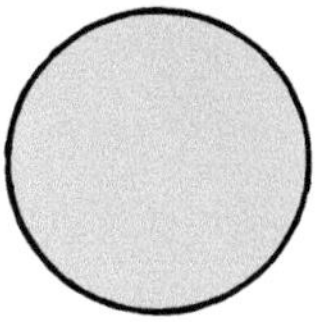

円

ዙርያ

正方形

ትርብዒት

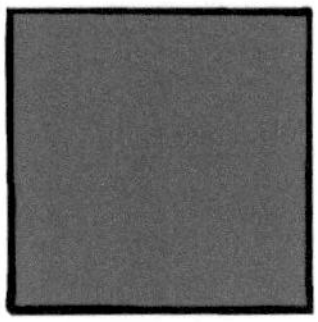

長方形

ቅኑዕ ርቡዕ ኩርናዕ

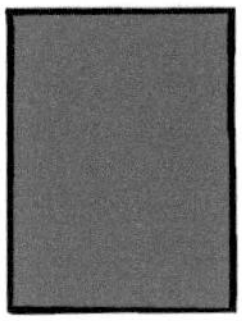

三角

ስሉስ ኩርናዕ

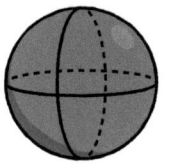

球

ክቢ

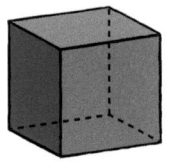

立方体

ኩቦ

色

ሕብርታት

白

ጻዕዳ

黄

ብጫ

オレンジ

ኣራንሺ

ピンク

ፒንክ

赤

ቀይሕ

紫

ጁኽ

青

ሰማያዊ

緑

ቀጠልያ

茶

ቡናዊ

灰色

ሓሙኽሽታይ

黒

ጸሊም

反対

ኣንጻራት

多い / 少ない

ብዙሕ / ውሑድ

怒っている / 落ち着いている

ሕሩቕ / ሰላማዊ

美しい / 醜い

ጽቡቕ / ክፉእ

初め / 終わり

መጀመርያ / መወዳእታ

大きい / 小さい

ዓቢ / ንእሽቶ

明るい / 暗い

ብሩህ / ጸልማት

兄弟 / 姉妹

ሓው / ሓፍቲ

清潔な / 汚い

ጽሩይ / ርሳሕ

完全な / 不完全な

ምሉእ / ዘይምሉእ

日中 / 夜

መዓልቲ / ለይቲ

死んだ / 生きている

ሙዉት / ህልው

幅広い / 狭い

ሰፊሕ / ጸቢብ

食べられる / 食べられない
ደስ ዘበል / ደስ ዘይብል

悪意のある / 親切な
እኩይ / ህያዋይ

興奮している / 退屈じでいる
ርቡጽ / ስልኩይ

太った / 痩せた
ረጊድ / ቀጢን

最初に / 最後に
ቀዳማይ / ናይ መወዳእታ

友人 / 敵
ዓርኪ / ጸላኢ

いっぱいの / 空の
ምሉእ / ባዶ

硬い / 柔らかい
ተሪር / ልስሉስ

重い / 軽い
ከቢድ / ፈኲስ

空腹 / 喉の渇き
ጥምየት / ጽምየት

病気の / 健康な
ሕሙም / ጥዑይ

違法な / 合法な
ዘይሕጋዊ / ሕጋዊ

賢い / 愚かな
መስተውዓሊ / ስዲ

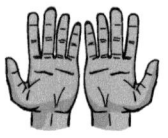

左に / 右に
ጸጋም / የማን

近い / 遠い
ቐረባ / ርሑቕ

新しい / 中古の

ሓዲሽ / ብሉይ

何もない / 何かある

ዋላ ሓደ / ገለ

老いた / 若い

ዓቢ/ኣረጊት / መንእሰይ

オン / オフ

ወልዕ / ኣጥፍእ

開いている /
閉まっている

ክፉት / ዕጹው

静かな / うるさい

ህዱእ / ዓው

裕福な / 貧乏な

ሃብታም / ድኻ

正しい / 間違っている

ቅኑዕ / ግጉይ

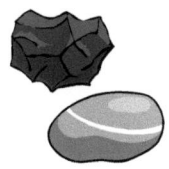

粗い / なめらか

ሓርፋፍ / ልሙጽ

悲しい / 幸せな

ጉሁይ / ሕጉስ

短い / 長い

ሓጺር / ነዊሕ

ゆっくり / 速い

ቀስ / ቅልጡፍ

濡れた / 乾いた

ጥሉል / ንቑጽ

温かい / 冷たい

ምዉቕ / ዝሑል

戦争 / 平和

ውግእ / ሰላም

0

ゼロ

ዜሮ

1

1

ሓደ

2

2

ክልተ

3

3

ሰለስተ

4

4

ኣርባዕተ

5

5

ሓሙሽተ

6

6

ሽዱሽተ

7

7

ሸውዓተ

8

8

ሸሞንተ

9

9

ትሽዓተ

10

10

ዓሰርተ

11

11

ዓሰርተ ሓደ

12

12

ዓሰርተ ክልተ

13

13

ዓሰርተ ሰለስተ

14

14

ዓሰርተ ኣርባዕተ

15

15

ዓሰርተ ሓሙሽተ

16

16

ዓሰርተ ሽዱሽተ

17

17

ዓሰርተ ሸውዓተ

18

18

ዓሰርተ ሸሞንተ

19

19

ዓሰርተ ትሽዓተ

20

20

ዕስራ

100

100

ሚእቲ

1.000

1000

ሽሕ

1.000.000

100万

ሚልዮን

言語

ቋንቋታት

英語

እንግሊዝኛ

アメリカ英語

ኣመሪካዊ እንግሊዛዊ

中国標準語

ቻይናዊ ማንዳሪን

ヒンディー語

ሂንዳዊ

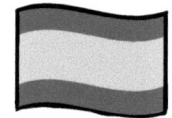

スペイン語

እስጳኛዊ

フランス語

ፈረንሳዊ

アラビア語

ዓረባዊ

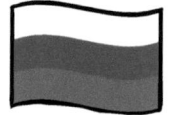

ロシア語

ሩሲያዊ

ポルトガル語

ፖርቱጋላዊ

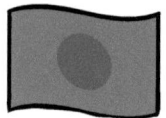

ベンガル語

በንጋሊ

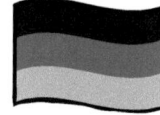

ドイツ語

ጀርመናዊ

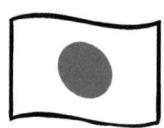

日本語

ጃፓናዊ

誰 / 何 / どう
መን / እንታይ / ከመይ

私

ኣነ

あなた

ንስኻ/ኺ

彼 / 彼女 / それ

ንሱ / ንሳ / ንሱ

私たち

ንሕና

あなたたち

ንስኻ

彼ら

ንሳቶም

誰？

መን?

何？

እንታይ?

どうやって？

ከመይ?

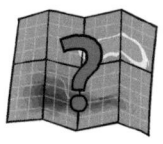

どこ？

ኣበይ?

いつ？

መዓስ?

名前

ሽም

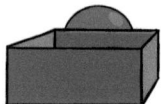

どこ
ኣበይ

後ろ

ድሕሪ

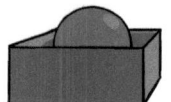

中

ኣብ

前

ኣብ ቅድሚ

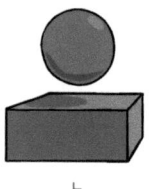

上

ኣብ ላዕሊ

上

ኣብ ልዕሊ

下

ትሕቲ ምድሪ

横

ኣብ ጥቓ

間

ኣብ መንጎ

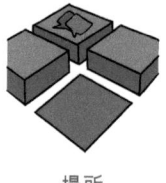

場所

ቦታ